AF226789

NOTICE

SUR

F. et Mgr P. Prosper DE TOURNEFORT,

ÉVÊQUE DE LIMOGES,

Par l'Abbé P.

Au Profit d'une Bonne Œuvre.

PRIX : 50 c.

LIMOGES,

A LA LIBRAIRIE ECCLÉSIASTIQUE ET CHRÉTIENNE,

DE O. LAFERRIÈRE ET COMP. RUE CRUCHE-D'OR, 8.

ET A PARIS, chez MM. SAGNIER ET BRAY, rue des Sts-Pères, 64

NOTICE

SUR

Feu Mgr PROSPER DE TOURNEFORT,

ÉVÊQUE DE LIMOGES.

Il est de ces hommes dont le nom ne doit pas être oublié, car ils ont passé faisant constamment le bien. Dans les phases diverses de leur longue existence on ne trouve rien que de glorieux. Leur rendre hommage, c'est honorer la vertu, la piété elles-mêmes, les recommander à la génération présente, aux générations à venir.

Un de ces hommes — et nous le dirons sans crainte, suspecterait-on de flatterie des paroles écrites en face d'un tombeau ? — a été celui dont la perte sera, surtout dans le vaste diocèse de Limoges, difficile sans doute et longue à réparer : *Mgr Prosper de Tournefort*, décédé naguère dans sa 83e année. Que du haut du ciel, où l'ont certainement appelé ses éminentes vertus, il daigne bénir ces trop courtes lignes consacrées à sa bien douce mémoire par un de ses plus humbles prêtres.

1844

Né à Villes, département de Vaucluse, le 22 décembre 1761, Mgr appartenait à une des plus honorables familles de la contrée. Les armoiries de son père et celles du célèbre naturaliste Pitton de Tournefort étaient les mêmes. Je ne sais si l'on me blâmera de rappeler cette circonstance propre à expliquer certains actes de sa vie, et en particulier quelques démonstrations politiques qui étaient loin d'avoir, dans sa pensée du moins, la valeur qu'un radicalisme haineux cherchait à leur donner, il y a une quinzaine d'années. Elevé dans les principes de ses ancêtres, il tint à y rester fidèle, à ne pas maudire ce qui avait été l'objet de leur respect et de leur dévouement. Il est des convictions dont on éprouve tant de peine à se défaire, quand depuis l'enfance elles ont poussé dans l'âme de profondes racines. Il est de ces choses qu'on ne reproche à personne ou qu'on reproche à tout le monde.

Après avoir suivi à Aix des études remarquables, il embrassa la carrière de barreau. Avocat, il fit son stage chez l'illustre Portalis, avocat lui-même, et depuis ministre des cultes sous l'Empire. Entre le maître et le disciple se formèrent les liens d'une amitié sincère et intime ; ils ne s'oublièrent jamais, quelque distance physique ou morale que la Providence ait voulu placer entre eux, et c'est en souvenir d'attachement et de reconnaissance que, dans son testament, Mgr vient de léguer une de ses croix pastorales à l'arrière petit-fils de son auguste protecteur.

M. Portalis, premier président de la cour de cassation, fils du ministre des cultes, a mêlé ses larmes aux nôtres en apprenant sa mort. Nous reproduisons ici une partie de sa touchante lettre :

« Je me plairais à retracer le caractère de cet
» homme pieux, qui savait rendre la religion si ai-
» mable, dont la foi était si franche, si sincère, si
» naïve, l'intelligence si cultivée, le zèle si ardent,
» la charité si tendre et si inépuisable, je vous parle-
» rais de l'agrément et de la facilité de sa parole, des
» qualités de son cœur, de la fidélité de ses amitiés,
» de son attachement pour ses parents, de son dé-
» vouement à ses devoirs et à son pays ; mais vous
» savez tout cela mieux que moi. Sa perte est pour
» moi un coup sensible, c'était un des hommes qui
» m'aimaient le mieux et que j'aimais le plus. Il em-
» porte avec lui les souvenirs les plus chers de la
» plus grande partie de ma vie. J'espère en ses priè-
» res et je me recommande à leur ferveur. Il se sou-
» viendra de nous là haut comme nous nous souve-
» nons de lui ici-bas. J'ai été bien touché de son
» souvenir pour mon petit-fils : il conservera pieu-
» sement cette croix comme une relique.

» En voilà bien long, et c'est bien peu pour les
» besoins de mon cœur : je désire que toutes ces li-
» gnes répondent à votre attente, etc. »

. . . .

Arriva notre sanglante révolution !... Plus, ou au moins autant que tout autre province de la France,

le comtat Venaissin en fut le triste théâtre. C'était
une dépendance du Saint Siége. Donc là se manifes-
tait et devait se manifester la haine contre la religion représentée dans son chef suprême.

Or, voici dans ces circonstances la courageuse
conduite du jeune de Tournefort. Les dangers, il le
savait, se présentaient imminents et nombreux. La
part du lion était faite : pouvait-il ignorer ce qu'a-
vaient à attendre les quelques téméraires assez auda-
cieux pour la lui disputer?

Toutefois il n'hésita pas. Armé de cette parole vive
et brûlante qui s'élance d'une âme, ne respirant que
pour les intérêts sacrés de la justice et de l'honneur,
on le vit à Carpentras sans faiblir jamais, sans s'é-
pouvanter des menaces s'amoncelant sur sa tête, lut-
ter contre la fureur des démagogues qui, de gré ou
de force, allaient enlever au Saint Siége une de ses
plus anciennes et plus légitimes possessions. Il fut
de cette cause le premier défenseur, si bien qu'il est
encore connu dans ces contrées sous le nom assurément glorieux de *Casalès et de Maury*. C'était
lui, et les mémoires de l'assemblée d'Avignon le té-
moignent; c'était ce courageux avocat qui transmet-
tait chaque jour au vice-légat Cazoni et au gouver-
neur de Carpentras Pieracchi, les résolutions et la
marche des débats par des bulletins existant encore
pour la plupart dans les archives du Vatican.

Nous croirions que de ce fait est née l'erreur assez
commune que Mgr avait été colonel. Oui, il y avait

guerre dans le comtat Venaissin ; oui, il était à la tête
des combattants, dans ces mémorables mêlées , mais
si ses adversaires vaincus employèrent le glaive et
la hache, lui, que nous sachions, lui, le fervent chrétien n'eut jamais d'autres armes qu'une parole acca-
blante contre l'iniquité, et la prière pour ceux qui,
sans la protection du ciel, seraient avant peu deve-
nus ses meurtriers ! !...

Aussi donc plus sa voix accusatrice était im-
portune, plus elle soulevait contre lui de haines et d'o-
rages ; sa tête était désignée, il fallut fuir, abandonnant
à la violence une victoire que l'équité devenait dé-
sormais impuissante à remporter.

Le jeune de Tournefort quitta la France et se rendit à Chambery; il était là, lorsqu'il reçut du cardinal
Zelada une lettre qui le chargeait de la correspondance officielle, dès que Mgr le nonce Duguani aurait quitté Paris. Ce mandat glorieux et consolant
pour son noble cœur, il ne put le remplir, puisque
Son Eminence le croyait à Paris, et il gémissait sur
la terre d'exil. Il allait pourtant se rendre à ce poste
d'honneur, mais on craignit sans doute des périls
pour sa vie, et on lui envoya immédiatement con-
tr'ordre.

Après quelques années passées dans la Savoie, des
circonstances et des événements qu'il serait trop long
de raconter, le portèrent en Italie.

Cependant celui qui venait de défendre l'Eglise
avec un imperturbable courage se sentait de jour en

jour appelé à en embrasser plus étroitement encore la sainte cause attaquée. Autels et temples étaient de toutes parts renversés, sur l'échafaud sans interruption se succédaient les victimes, les hommes attachés à la foi de leurs pères n'avaient à attendre que la persécution, les tortures, la mort,... les prêtres surtout ! !.

S'il y avait là de quoi épouvanter une âme vulgaire, ce fut là au contraire, pensons-nous, ce qui encouragea, décida l'âme énergique de l'orateur *Papiste* de Carpentras. Plus l'Eglise allait éprouver de besoins, plus il devait y avoir pour lui motif d'un dévouement entier et sans réserve. En embrassant le Sacerdoce, le jeune de Tournefort allait remplir quelqu'un des innombrables vides que la révolution faisait incessamment dans le Sanctuaire ! et plein de cette espérance, fidèle à cette voix qui remplissait son âme, il se rendit à Rome.

« Là, comme il l'écrivait naguère lui-même, sous
» la direction du savant cardinal Archetti, mort en
» odeur de sainteté, qui le traitait et l'aimait comme
» son enfant, et après avoir suivi le cours de théolo-
» gie, il fut promu aux Ordres sacrés, à la suite du
» Conclave, avec l'approbation de Pie VII, qui ne
» cessa de lui montrer un tendre intérêt à Rome et
» en France. » Il y resta jusqu'au Concordat, se livrant à de fortes études, préparant son esprit et son cœur à remplir dignement la mission qui pourrait lui être confiée dans son incrédule et désolée patrie.

« Pendant le temps de l'émigration, nous écrit
» une personne parfaitement instruite : L'abbé de
» Tournefort fut le soutien, la seconde providence
» des émigrés Français ; il était le dépositaire des se-
» cours que le Pape leur donnait ; il vivait avec ses
» deux frères et un oncle prêtre. Journellement ces
» Messieurs lui faisaient des représentations sur ce
» qu'il les laissait dans une gêne extrême, ayant pour
» eux, comme pour les autres émigrés, des secours
» d'argent. Il leur répondait : ne voyez-vous pas qu'il
» y en a de plus malheureux que nous ? Un soir,
» chez le cardinal Archetti, à une grande assemblée,
» son protecteur lui glissa dans la poche un rouleau
» de 30 louis, persuadé qu'il garderait cet argent pour
» lui et ses frères, mais il n'en fit rien, il le distribua
» le lendemain, et le soir il n'avait pas de quoi payer
» 6 *fr. à sa blanchisseuse*... Il rentra en France avec
» quinze mille francs de dettes... Son père étant
» mort, ce qu'il retrouva d'une fortune délabrée par
» la révolution fut employé à payer des dettes con-
» tractées pour satisfaire à sa grande charité.

» Je vous parlerais de sa douceur, de sa résigna-
» tion..... si vous ne les connaissiez comme moi. »

. . . .

Rentré donc en France après un séjour de quelques mois chez son illustre patron et ami, le comte
de Portalis, alors ministre des cultes, le cardinal Fesch
archevêque de Lyon, qui avait entendu parler du
mérite éminent de l'abbé de Tournefort, se hâta de

l'attacher à son chapitre, et le fit chanoine titulaire de sa métropole.

Obligé que nous sommes de nous restreindre, nous dirons seulement qu'il s'y distingua par son savoir et son infatigable zèle, donnant presque sans cesse des retraites ou des missions, prêchant plusieurs fois dans la même journée, passant une partie des nuits au tribunal de la Pénitence. Il a laissé dans ce diocèse les plus durables souvenirs. Les vieillards y parlent de lui avec un sentiment de vénération ; il y était et il y est encore comparé à François-de-Sales, auquel il ressemblait en effet, surtout sous le rapport de la mansuétude et de l'ardente charité. Voici du reste ce que vient d'écrire M. Allibert, chanoine et secrétaire de l'archevêché :

« Le vénérable Prélat que nous pleurons arriva à
» Lyon en décembre 1802 ; le 3 janvier 1803, le
» cardinal Fesch l'installa chanoine de Lyon, il lui
» donna rang après MM. les comtes de Rully et de
» Saint-Georges, et par conséquent il était troisième
» chanoine de cette première création du chapitre pri-
» matial. J'étais au séminaire : M. Piquet, supérieur,
» nous le proposait pour modèle comme homme d'o-
» raison, d'une piété tendre et ne s'oubliant pas lui-
» même, bien qu'appliqué à d'immenses travaux ; il
» prêchait tous les dimanches dans les grandes égli-
» ses de la ville ; il confessait beaucoup et convertis-
» sait une multitude de pécheurs ; sa charité pour les

» pauvres n'avait pas de bornes, et ses vastes con-
» naissances en législation le faisaient consulter avec
» fruit dans une foule d'affaires litigieuses et diffici-
» les. Sa dévotion à Marie était admirable, elle l'ins-
» pirait avec bonheur, et l'une de ses pénitentes, à
» la suite d'un vœu prononcé pendant la Messe du
» pieux chanoine, un jour de l'Assomption, fut déli-
» vrée d'une maladie horrible ; elle fonda le chant
» des Litanies de la Sainte Vierge, suivi du Salut,
» tous les samedis et veilles des fêtes de la Sainte
» Vierge, à la primatiale de Saint-Jean-de-Lyon, où
» cela se pratique régulièrement. Le caractère de sa
» prédication était l'onction et la persuasion ; il cher-
» chait à toucher les cœurs et à ramener à la prati-
» que de la religion les nombreux indifférents qui
» abondaient surtout au rétablissement du culte. Il
» quitta Lyon en décembre 1807, emportant les re-
» grets et l'affection de tous ceux qui avaient eu le
» bonheur de le connaître.

» Si j'étais moins occupé, que de choses admira-
» bles j'aurais assurément apprises et j'aurais à vous
» raconter ! »

Mgr Jauffret, évêque de Metz, et auparavant vicaire-général de Lyon, qui avait eu et le temps et le
bonheur de bien le connaître, pria Son Emce. cardinal Fesch de le lui céder pour le seconder dans l'administration d'un diocèse où bien des choses étaient
à faire ou à réformer. Ne suivant encore que l'im-

pulsion de son zèle, l'abbé de Tournefort abandonna
donc Lyon, où il possédait de nombreux amis, où
prêtres et laïques l'entouraient de tous les égards
d'une profonde estime, où une réputation solidement
établie lui assurait une haute influence, et selon le
monde, un brillant avenir, pour prêter son concours
généreux à Mgr de Metz : il resta là quatre ans vicaire-général, ayant pour collègue l'illustre abbé
Dubois que nous allons retrouver un peu plus tard
évêque de Dijon.

Nous devons encore citer ici quelques passages
d'une lettre de M. Masson, vicaire-général, supérieur
du séminaire de Metz. Lorsque nous louons notre
bon évêque, nous tenons à montrer que toutes nos
louanges sont fondées, ou plutôt que nous ne sommes qu'un faible écho de toutes les voix ! C'est pour
cela d'ailleurs que nous avons interrogé tous les lieux
où il n'a même fait que passer.

« Arrivé à Metz avec Mgr Jauffret, en 1807, Mgr de
» Tournefort y resta jusqu'en 1811.

» J'ai entendu répéter son nom avec vénération et
» amour dans les anciennes familles de notre ville
» (Metz).

» M. de T.... avait alors la réputation d'un prêtre
» pieux, plein de foi et d'un mérite réel. Il passait
» pour orateur, et plusieurs discours prononcés à
» Metz et ailleurs ont été fort goûtés et ont fait im-
» pression.

» Ce que j'ai entendu le plus louer dans M. de T....
» c'est son vif attachement au Saint Siége, l'intérêt
» tout particulier qu'il prit aux malheurs de Pie VII,
» à sa captivité et à l'exil des cardinaux. Il avait des
» relations avec plusieurs d'entre eux exilés dans les
» Ardennes, où il leur faisait passer des secours, d'a-
» prés ce que j'ai appris.

» Sa correspondance avec Mgr d'Astros contenait
» quelques paroles ayant trait aux événements de
» l'époque, et on croyait qu'il avait eu connaissance
» de l'excommunication de Napoléon. Ce furent ces
» paroles rapportées à l'empereur qui provoquèrent
» l'arrestation de M. de T....

» On mit dans l'exécution de cet ordre rigoureux
» tous les ménagements que l'on pouvait désirer, et
» M. de T.... montra tout le courage et la résigna-
» tion que l'on pouvait attendre de sa foi et de sa
» piété.

» Il était dans la chapelle de Ste-Glossinde, ache-
» vant sa Messe, lorsqu'arriva le capitaine R., offi-
» cier de gendarmerie, qui avait ordre de l'arrêter,
» et qui devait, je crois, l'accompagner jusqu'à Paris.
» Il ne parut pas accablé, il partit pour Paris, subit
» plusieurs interrogatoires, après lesquels Mgr Jauf-
» fret, mais plus particulièrement M. l'abbé Laurent,
» nommé administrateur de Metz, firent tous leurs
» efforts pour apporter quelque adoucissement à sa
» captivité.

» Mme du Coëtlosquet, chez laquelle M. de T....

» accompagnait Mgr Jauffret, donnait au Prélat et à
» ses deux vicaires-généraux les noms des trois ver-
» tus théologales. Elle désignait M. de T... sous le
» nom de *la Foi*. »

Nous arrivons à l'année 1811. A cette époque
Buonaparte, ayant envahi les Etats romains, répondit par de nouveaux décrets de persécution à l'excommunication dont Pie VII avait frappé les auteurs
et exécuteurs de cette usurpation et des violences
exercées contre le Saint Siége. Celui qui, dans d'autres circonstances s'était montré si ardent soutien des
droits de l'Eglise, ne pouvait rester inactif dans ces
circonstances nouvelles. Le temps ni les événements
n'avaient en rien modifié ses convictions, son zèle.
Il voulut donc procurer des secours aux cardinaux
exilés, et sur une lettre trouvée par la police à ce
sujet dans les papiers de Mgr d'Astros (1), aujourd'hui
archevêque de Toulouse qui fut incarcéré à Vin-
cennes, lui, l'abbé de Tournefort fut, en effet,
comme le dit la lettre citée plus haut, enfermé à *la
Force* avec les cardinaux Oppizzoni, Di Pietro et
Gabrielli.

Avec quelle émotion il rappelait cette circonstance
de sa vie? Que d'alarmes, que d'angoisses pendant
les trois longs mois qu'il eut à gémir séparé de ces
nobles détenus, qu'il ne pouvait apercevoir que de

(1) Nous avons reçu de ce vénérable archevêque une
lettre de condoléance, excessivement honorable pour ce
Prélat *des plus chers à son cœur.*

loin à travers la lucarne de son cachot. Inquiet pour lui, il l'était encore plus pour ses pieux compagnons d'infortunes ne sachant quel sort leur était réservé?... Peut-être était-il cause de l'aggravation de leurs fers!..

Aussi bien est-ce là que sa santé éprouva de rudes atteintes et qu'il contracta le germe d'un mal dont il s'est ressenti jusqu'au tombeau. O notre bon Evêque, la Providence ne voulait pas vous accorder cette palme généreuse du martyre qu'ambitionnait votre âme, elle ne voulait pas l'effusion de votre sang, elle qui vous destinait à être longtemps encore un des soutiens, une des gloires de son Eglise de France !

Sorti de prison, il fut exilé, sous la surveillance de la haute police, à Soissons, pendant deux ans. « Son nom est encore ici en grande vénération, » nous écrit un vicaire-général, la nouvelle de sa » mort a produit sur tous ceux qui ont pu connaître » ses vertus, son affabilité, une impression pénible. »

Son ban levé, il accepta un simple vicariat à la cathédrale de Beauvais. Mais son noble caractère ne se démentit jamais. Ce qu'il fut dans la prospérité et l'élévation, il le fut encore dans l'adversité et les positions les plus humbles. Modèle du bon administrateur, alors qu'il était en des jours mauvais, vicaire-général d'un grand diocèse, nous le voyons modèle du jeune vicaire, comme nous l'admirerons bientôt modèle du bon curé, modèle enfin du saint Evêque.

Ecoutons ce que nous apprend de l'abbé de Tournefort, Mgr de Beauvais :

« Comme vicaire, M. de Tournefort a laissé ici les
» plus honorables souvenirs, et malgré son trop court
» passage et la distance qui nous sépare de cette épo-
» que déjà bien éloignée (1813), on aime encore à
» se le rappeler, à bénir son nom.

.   .   .   .

» Il prêchait d'abondance ordinairement, et d'une
» manière brillante, il plaisait beaucoup aux fidéles.

.   .   .   .

» Ce qui le distinguait surtout, c'était sa modestie
» toute cléricale, son exactitude et son assiduité à
» remplir tous ses devoirs : et comme on lui deman-
» dait un jour s'il ne trouvait pas bien pénible de se
» trouver ainsi dernier vicaire après avoir été dans
» un poste supérieur : « Il n'y a ni premier ni der-
» nier parmi nous, répondit-il, le premier est celui
» qui remplit le mieux son devoir. »

» Aussi peuple et clergé de Beauvais disaient : « Il
» est fait pour de plus hauts emplois, nous ne le gar-
» derons pas. »

.   .   .   .

Le mérite, en effet, de l'abbé de Tournefort, sa
prudence, ses talents, le recommandaient trop, même
au gouvernement qui l'avait persécuté et proscrit,
pour que, selon l'expression sacrée, *ce flambeau ra-
dieux pût rester plus longtemps sous le boisseau.* Marie-
Louise contribua à faire nommer à la cure de Saint-

Jacques de Compiégne, cure impériale, le digne prêtre délaissé.

Ni le gouvernement, ni Compiégne n'eurent à
exprimer de regrets sur un tel choix. Pendant 6 ans
à peu près, de 1813 à 1820 il se montra là excel-
lent et véritable pasteur, conciliateur admirable de
tous les partis. Un de ses vicaires, aujourd'hui curé
de canton, en apprenant sa mort, nous écrit :

« J'étais à Compiégne les trois premières années
» que Mgr de Tournefort en était curé, et j'ai pu m'é-
» difier du zèle qu'il déployait en toute circonstance
» pour le bien de la religion. Il venait de procurer
» une mission à sa paroisse ; beaucoup de familles
» notables y étaient revenues aux pratiques de la re-
» ligion ; et Mgr savait les y affermir par ses exhor-
» tations nettes, vives et touchantes, et par la dé-
» cence et la pompe avec lesquelles il aimait à faire
» célébrer les offices divins.

» A son arrivée à Compiègne, il avait trouvé une
» église dans le dénûment le plus complet et grevée
» d'une dette d'au moins 4,000 fr. ; il a su trouver
» les moyens d'acquitter cette dette, de faire exécu-
» ter des travaux importants pour consolider l'édi-
» fice, et de l'orner non-seulement avec décence
» mais même avec luxe.

» Il se laissait aborder par les pauvres aussi faci-
» lement que par les riches, et les aumônes abon-
» dantes qu'il distribuait aux premiers lui laissaient

» à peine le nécessaire pour lui-même ; il était ex-
» trêmement rare de le voir sortir de son presbytère
» pour une récréation honnête. Tout son temps étant
» consacré aux travaux de son ministère, à toutes
» les heures du jour et de la nuit il était prêt à se
» rendre aux désirs des malades ou de leurs parents,
» il savait les gagner par l'esprit de douceur, de con-
» ciliation et de piété dont il a toujours donné l'exem-
» ple.

» Que dire de sa tendresse pour ses deux jeunes
» vicaires ? Il les aimait sincèrement, et les attirait
» chaque jour à son presbytère, et là il aidait leur
» début dans le saint ministère par de sages avis et
» par toutes sortes d'encouragements. Aussi le payè-
» rent-ils de retour par un attachement sans égal, et
» furent-ils accablés de douleur quand ils le virent
» s'éloigner de Compiègne.

» La paroisse de St-Jacques a regretté pendant
» bien des années de ne l'avoir plus pour pasteur ;
» quand il y reparaissait à des intervalles éloignés,
» c'était toujours une nouvelle fête pour ses anciens
» paroissiens qui s'empressaient à l'envi de lui ex-
» primer l'affection qu'ils lui conservaient.

» Il était fort considéré par une grande partie de
» l'Episcopat français, avec lequel il entretenait une
» correspondance nombreuse, ou qu'il recevait chez
» lui pendant les deux dernières années de son séjour
» à Compiègne. Son presbytère toujours possédait
» quelqu'un de ces hauts membres du clergé.

» Des traits plus nombreux et fort marquants d'une
» vie vraiment épiscopale, relèveront l'éloge de Mgr
» de Tournefort et feront la joie de toutes les per-
» sonnes qu'il a bien voulu honorer de son amitié,
» dans la pensée que son âme est récompensée main_
» tenant dans une vie meilleure que celle-ci. »

M. Dubois, son ancien collègue à Metz, appelé à
l'évêché de Dijon, se sentait le besoin d'être puis-
samment aidé pour parvenir à réorganiser un vaste
diocèse, bouleversé par la longue usurpation du
schisme constitutionnel. Effrayé de la tâche qui lui
était offerte, des difficultés qu'il aurait nécessaire-
ment à vaincre, il se hâta d'en écrire à son intime
ami, qu'il appelait son conseil et son guide, lui dé-
clarant qu'il n'accepterait pas, s'il ne devenait immédiatement son grand-vicaire. Elle était donc bien
grande, la sagesse de l'abbé de Tournefort, puisqu'il
ne faisait rien sans l'avoir consulté préalablement,
cet Evêque qui passait pour un des plus méritants
de France, et qui, lorsqu'il fut question d'ériger un
ministre des affaires ecclésiastiques, — érection qui
n'eut pas lieu, — fut unanimement désigné au choix
de Louis XVIII par ses collègues dans l'Episcopat !

Mgr Dubois étant mort dix-sept mois après son
entrée à Dijon, l'abbé de Tournefort, nommé vicaire
capitulaire, fut continué dans les mêmes fonctions
par Mgr de Boisville.

Là l'historique rapide de la vie de Mgr de Li-

2

moges, voilà une partie des vicissitudes auxquelles fut exposée cette existence, moins laborieuse encore que tourmentée, jusqu'au jour où du vicariat général de Dijon il fut appelé à la direction de notre vaste diocèse.

Ici nous sentons encore plus toute notre impuissance à raconter ce que fut Mgr Prosper de Tournefort pendant les dix-neuf années de son Episcopat, comment il remplit admirablement, saintement les difficiles et innombrables fonctions de sa haute dignité pastorale. Plaignons-nous au moins de ce que l'étroite limite d'un article biographique, et vu notre position hiérarchique, le défaut de connaissances spéciales, nous défendent non seulement de nous apesantir sur les traits principaux de cette longue carrière si bien remplie, mais même de les indiquer rapidement.

Et d'abord, à l'égard de son clergé, nous le dirons saus crainte de recevoir une contradiction de nos frères dans le Sacerdoce, qu'elle ne fut pas impartiale sa justice, vigilante sa sollicitude? Quelle sagesse dans toutes ses nominations? quelle attention soutenue à contenter autant qu'il le pouvait, les moindres désirs de ses prêtres! Qui d'entre nous éprouva une difficulté, qu'il ne l'ait pas immédiatement aidé à surmonter? qui, en lui racontant une peine, le trouva insensible? quelle réclamation, tant soit peu légitime, resta sans réponse? n'identifia-t-il pas constamment notre cause avec la sienne?

Plaignons-nous qu'il ne nous soit pas permis de révéler quelques secrets, de dire ici ses alarmes, surtout lorsque quelque infortuné prêtre l'obligeait à sévir. Quel père montra jamais plus de tendresse, manifesta plus de confiance, épancha plus de douleur? Que d'hésitations, de larmes, de prières avant qu'il pût se décider à retirer sa protection, son estime, à un de ses enfants bien-aimés? Que de fois [il parlait de cette malheureuse paroisse de Villefavard, déchirée par un ignoble schisme! Oh! comme il aurait voulu la rappeler dans le sein de l'Eglise? il ne l'oubliait pas dans ses bénédictions dernières!!.. Il murmurait ce nom cher et douloureux quelques minutes avant d'expirer!!!.. Daigne le Seigneur faire tomber cette notice sous les yeux de ces brebis infidèles; daigne le Seigneur rendre enfin leurs cœurs sensibles à ces angoisses étreignant l'âme du saint vieillard mourant!!!...

Evêque, il chérissait tendrement son clergé, bon pasteur il chérissait son troupeau. A la tête d'un diocèse étendu, composé de deux départements, il en visita plusieurs fois jusqu'au moindre hameau; son grand âge, la difficulté des communications, n'attiédirent jamais son ardeur. On l'a vu traverser à cheval et souvent à pied, au milieu des neiges épaisses et des boues, d'impraticables passages dans les gorges de nos montagnes, où sa santé, sa vie même, coururent d'imminents dangers. Rien ne le rebutait, car il tenait à connaître toutes ses brebis, à recueillir toutes les plaintes, tarir ou essuyer du moins toutes les larmes, laissant partout autre chose que des marques de sa miséricorde spirituelle, et partout, moins les trois dernières années, c'était lui qui portait la parole !...

Oh ! à lui, en effet, appartenait le droit de porter la sainte parole ; car elle était bien aimée de tous, puissante sur les plus rebelles. Doué d'un bel organe, d'une taille magnifique, d'une physionomie où se peignait singulièrement la bonté, il s'exprimait avec une facilité remarquable. Simple avec les villageois, elle grandissait, riche, imposante, en face des heureux et des savants du monde. Sachant avec un tact exquis se mettre à la portée de l'intelligence la plus faible et la plus élevée, il la subjuguait l'une et l'autre par la lucidité de ses preuves, l'étroit enchaînement de son argumentation. Exagérons-nous, quand nous affirmons que bien peu d'orateurs possédèrent comme lui cette éloquence vraie qui touche, inspire le saint amour de la vertu, ce secret de traverser les esprits pour pénétrer dans les cœurs ? Il y avait surtout certains sujets qu'il traitait avec un bonheur vraiment rare : ceux qui se rattachaient à la vie, aux souffrances de J. C. Limoges se rappelle encore combien il fut beau, magnifique, à une plantation de croix ; montant en chaire après deux missionnaires célèbres, il fut écouté avec enthousiasme. La foule immense pressée autour de lui, émue jusqu'aux larmes, fit éclater en bruyants transports, en mille pieux vivats, son admiration, et c'était en 1829 !!..

Mais le plus beau côté de la vie de notre saint Evêque a été sans doute son ardente charité pour les pauvres. Et comment ne les aurait-il pas aimés lui qui ne cessait de les recommander à ses prêtres : « Donnons, donnons toujours, leur répétait-il, l'au- » mône n'appauvrit pas. » Lui qui, à l'exemple de François-d'Assises, s'écriait à tout instant : « Si nous » repoussons les pauvres, craignons d'être accusés » de vol par le grand aumônier qui est dans le ciel. » Oh ! non, il ne les repoussa jamais, il préférait se tromper dix fois que de risquer de laisser sans sou-lagement un vrai nécessiteux, et il donnait, il don-nait encore jusqu'à se réduire lui-même au besoin. L'année du grand hiver, ses aumônes dépassèrent cinq mille cinq cents francs !..... « Mais comment, » lui disait son secrétaire, pourrez-vous, en donnant » ainsi, fournir à l'indispensable entretien de votre » palais ; j'ai fait le calcul, et depuis quelque temps » vous donnez chaque jour au-delà de votre revenu ! » « Eh bien ! mon enfant, disait-il, quand il n'y aura » plus rien, Dieu y pourvoira. » Un jour un ecclé-siastique se trouvant avec lui, et voyant approcher une pauvre femme qui avait reçu la veille même, fit cette observation à Monseigneur : « Puisqu'elle vient, » répondit le bon Prélat, c'est qu'elle a sans doute en- » core besoin aujourd'hui ; donnons-lui donc, elle » est bien assez honteuse de nous demander si sou-

» vent. » De telles paroles suffisent pour dépeindre une âme.

Oui, charité ardente, infatigable, tu fus le mobile de toutes ses pensées, de toutes ses œuvres! A quel acte de bienfaisance resta-t-il étranger. Le jour même de sa mort il acquittait sa souscription échue pour l'association des Dames de la Maternité! A quelle porte allaient frapper d'abord et toujours les pauvres Espagnols? Comme il s'attendrissait sur ces infortunés, se dépouillant pour eux de ses vêtements, de son linge. Et quelles misères secrètes plus nombreuses encore n'a-t-il pas soulagées! Oui, une fois encore, oui vous seul, ô mon Dieu, savez le chiffre des infortunes qu'il a adoucies, la quantité de ses aumônes!!...

Aussi, que de choses manquaient à son palais? moins une soutane, tout était usé, déchiré, véritables espèces de haillons. « Dans quelques jours », disait-il à ses domestiques, lui demandant de quoi renouveler ou réparer ses effets, et ces quelques jours ne venaient jamais; maintes fois il eût été dépourvu du strict nécessaire, si quelqu'un n'eût eu pitié de lui.

Terminons ce paragraphe : il y aurait trop à dire sur la libéralité sans bornes du vieillard qui vient de mourir, laissant à peine de quoi suffire aux frais de son inhumation. Il fut vraiment le père des pauvres!!..

Seulement on nous permettra sans doute d'extraire ici quelques passages de son pieux testament, preuve nouvelle et dernière de la charité qu'il ressentait pour eux, et de ce que nous venons d'avancer.

« Au nom du Père, etc...

» L'amour que Notre-Seigneur J.-C. m'a donné
» pour les pauvres me porterait à leur faire d'amples
» dons si ma fortune me le permettait ; ma pauvreté
» ne me permet que de leur faire des dons modiques
» qui sont le don de la veuve et qui sont une mar-
» que de l'intérêt que je leur porte.

» Je donne et lègue à chacun de MM. les Curés
» des quatre paroisses de la ville de Limoges, et à
» chacun d'eux personnellement et non en leur qua-
» lité de curé une somme de 200 fr.

» Je donne et lègue à la supérieure de la maison
» des orphelines de St-Vincent-de-Paul, 200 fr.

» *Idem* à la supérieure des Filles-de-la-Charité de
» St-Pierre, 200 fr.

» *Idem* à la supérieure de la maison du Bon-Pas-
» teur, 200 fr.

» *Idem* à la supérieure de la communauté de la
» Providence de Limoges, 200 fr.

» *Idem* à la supérieure de la communauté de la
» Providence de Guéret , 200 fr.

» *Idem* à M. le président de la conférence de St-
» Vincent-de-Paul, 50 fr., extrêmement faible té-
» moignage de ce que je voudrais faire et donner
» pour favoriser cette excellente œuvre. »

Monument admirable de charité pour les pauvres !
Quelques exemples de ce genre chez les opulents de
la terre, quelques dons proportionnés ainsi à la fortune, et combien de pleurs essuyés, que de crimes
de moins dans notre France bien-aimée !!.

Sous l'administration de Mgr de Tournefort, le
diocèse a acquis de précieuses communautés, des
associations importantes. Par son impulsion ou sous
son patronage ont entre autres été fondées la con-
grégation du Sauveur, qui compte déjà une di-
zaine d'établissements, la société de St-Vincent-de-
Paul, les maisons des Orphelines, du Bon-Pasteur,
et tout dernièrement l'intéressante colonie agricole
du Mas-d'Eloi, objet de la dernière de ses lettres
pastorales. Les petits séminaires ont reçu de lui
de notables améliorations, les études ont été forti-
fiées. C'est lui, enfin, qui a fondé une maison de prêtres pour les missions et dans tout le diocèse les
conférences ecclésiastiques, qui ont déjà produit d'in-
appréciables résultats.

Il nous resterait à dire ce qu'était Mgr de Tournefort au sein de la vie privée, sa vive et aimable
piété, son humilité profonde, son exquise politesse,
son inaltérable patience, ce penchant à l'indulgence
et au pardon qui était le fond distinctif de son caractère, qualités et vertus éminentes qui n'excluaient
pas cette fermeté, dont naguère encore, à plusieurs
reprises, il donnait des preuves dans la question de
l'enseignement, et qui recevront sans doute encore

une fois un hommage solennel et bien légitime, du
haut de la chaire chrétienne. Que d'édifiantes anec-
dotes, que d'admirables traits à raconter. « Oh !
» quelle belle âme, nous disait le digne archiprêtre
» son confesseur, pourquoi ai-je les lèvres closes. »
« Pour moi, disait aussi avec émotion un de ses
» grands vicaires, depuis cinq ans que je le voyais
» tous les jours, que je le suivais partout, que j'as-
» sistais à tous ses conseils, je n'ai pas souvenance
» d'avoir surpris chez lui, au milieu des contrariétés
» les plus vives, un seul mouvement d'humeur,
» léger qu'il fût. » Aussi était-il tendrement aimé,
aussi eut-il, chose rare en nos temps d'ingratitude
et d'oubli et qui témoigne de la noblesse de son
cœur, eut-il dans toutes les phases de sa vie, des
amis d'un dévoùment à toute épreuve.

Citons encore : n'importent les redites incessan-
tes : Nous ne prétendions pas au mérite bien mince à
nos yeux de faire œuvre littéraire, lorsque nous
avons pris la plume :

« Bien que je ne l'aie revu qu'une fois, nous écrit
» le vénérable marquis d'Archambault, depuis que
» j'ai eu l'inappréciable bonheur de le connaître, il
» y a plus de cinquante ans, jamais son nom n'a été
» prononcé devant moi, sans qu'aussitôt des larmes
» n'aient mouillé ma paupière. Il était si bon, si
» pieux !!... Oh! le saint Evêque... Je le pleure, je

» le pleurerais bien davantage, si je n'étais sûr qu'il
» est au ciel !!... »

Il n'y a donc qu'une voix pour le louer ; partout
où il a passé, il n'a laissé que de délicieux souvenirs ;
les mêmes regrets, les mêmes vœux l'ont accompagné dans la tombe. Son nom brillera donc couronné toujours d'une large auréole, toujours il sera
glorieux dans la glorieuse série des successeurs de
saint Martial !

Et voilà le vieillard que nous avons vu recevant
le Sacrement de l'Extrême-Onction avec un calme
inexprimable, nous remerciant, nous bénissant agenouillés près de lui, puis adressant, aux fidèles qui
l'entouraient, de pieuses consolations, exhortant enfin
les jeunes lévites de son séminaire, ne se taisant
que parce que les forces l'abandonnaient.

Et nous l'avons vu jusqu'au cinquième jour avant
sa mort offrant à l'autel la Sainte Victime, demandant
à Dieu la grâce de pouvoir dire jusqu'à son dernier
soupir *cette sainte Messe*, qu'il avait eu la consolation
de pouvoir célébrer tous les jours depuis son élévation au Sacerdoce ; répétant « qu'un prêtre devait
» mourir à l'autel comme un soldat sur la brèche. »

Et nous l'avons vu dans les solennités des 40 heures se faisant porter dans toutes nos églises pour y
bénir ses peuples ; et les prêtres qui le soutenaient
étaient obligés de le dérober à l'empressement de la

foulé obstruant son passage pour toucher ses vêtements ou baiser son anneau pastoral.

Et nous l'avons vu mardi soir demandant le Saint Viatique, disant à ses prêtres : Priez pour moi... J'ai communié, il est vrai, ce matin..., mais que c'est autre chose de recevoir son Dieu quelques minutes peut-être avant de le voir face à face comme juge... Priez pour moi !... Si demain je suis vivant encore, je vous le demande en grâce, suppliez la sainte Vierge à son autel même de l'archiconfrérie de s'intéresser pour moi !!...

Et nous l'avons vu demandant au médecin combien il avait encore d'heures à vivre, voulant, lui dont l'existence entière avait été une préparation au moment suprême, se recueillir pour voir s'il n'avait pas oublié quelque bien à faire, demander encore une autre fois au Seigneur *pardon de ses iniquités*, et invoquer surtout celle qu'il aimait à appeler *Refuge des pécheurs*, doux mots de la sainte Litanie qu'il ne prononçait jamais sans se frapper la poitrine avec une sensible émotion.

Et nous l'avons vu aux prises avec d'atroces souffrances, ne proférant aucune plainte, mais calme, résigné, fixant ses lèvres ou ses regards sur un crucifix, soulevant sa main défaillante, pour murmurer une dernière fois : Oui je vous bénis ; puisse le bon Dieu écouter les vœux d'un pauvre vieillard indigne ; qu'il daigne me pardonner mes péchés, bénir comme

je les bénis, mon clergé, les communautés, les pê-
cheurs, tout mon diocèse !!..

Et sans convulsion, au milieu de ses prêtres pros-
ternés et fondant en larmes, il a rendu au ciel sa
belle âme, les deux mains jointes, entremêlées avec
celles de son vénérable confesseur, le jeudi 7 mars
1844, à deux heures du soir, le jour même consacré
spécialement au culte du Saint Sacrement, dans lequel il eut toujours une foi si ardente, le jour de
Saint Thomas-d'Acquin, l'immortel auteur de l'office
de cette adorable fête.

Aussi cette mort a-t-elle été un événement dans
tout le diocèse (1) : et pendant les six jours que son
corps embaumé est demeuré exposé, les gardes ont
eu peine à contenir la foule qui s'amoncelait dans la

---

(1) Nous ne parlons pas de l'*Avenir National* qui lui a
consacré de touchantes pages. Nous ne reproduirons pas
non plus les éloges du *Persévérant* et de l'*Album Judiciaire* :
nous nous bornerons seulement à ce passage de *l'Ordre*,
journal de Limoges, qu'on ne saurait accuser de fanatisme
pour le catholicisme et ses ministres :
« Nous ne faisons pas un panégyrique ; l'homme qui, à
» la tête d'un grand diocèse, ne laisse pas même de quoi
» faire ses funérailles ; l'homme que bénissent les malheu-
» reux, n'a besoin d'aucun éloge ; mais nous devons hom-
» mage au zèle infatigable du vénérable vieillard, rappeler
» l'apôtre qui, chargé d'années, visitait le moindre hameau
» comme la ville opulente ; qui, expirant, venait au milieu
» de la foule émue, bénir encore son peuple, l'église, l'au-
» tel au pied duquel il eût voulu mourir. Cet héroïsme
» chrétien, nous l'avons vu comme tous l'ont vu, et en ren-
» dant hommage aux vertus de l'homme de bien et à l'ha-
» bileté de l'administrateur, nous traduisons un sentiment
» public. »

chapelle funéraire, et le jour de son inhumation la ville était morne et silencieuse ; point d'ouvriers dans les ateliers, les rues et les places étaient pleines ; un cortége immense accompagnait sa noble dépouille, tous les rangs de la société, sans distinction de croyance religieuse ou d'opinion politique étaient confondus ; il y avait des pleurs dans toutes les paupières, des sanglots dans tous les cœurs ; et après quelques nobles et saisissantes paroles de Mgr de Tulle, à celui qu'il appelait son vénérable père, les pauvres surtout se pressèrent pour jeter sur lui l'eau bénite, lui faire toucher encore leurs chapelets, leurs médailles, et nous les entendions murmurer : c'est un bien saint Evêque que Limoges vient de perdre !!.

Et nous aussi, nous t'avons adressé, nous t'adressons encore une prière, ô saint vieillard, ô bon Evêque, nous t'avons répété : donne-nous, donne à ton diocèse affligé un Prélat qui te ressemble !!...

L'abbé P.

Nous saurions gré aux personnes qui connaîtraient quelque trait remarquable de la vie de Mgr de Tournefort, de vouloir bien nous le communiquer.

Limoges. — Imprim. Typographique et Lithographique de Vᵉ Bloyrel, 15, rue Consulat, 15.

SOUS PRESSE,

A la même Librairie,

L'Oraison Funèbre de Mgr Prosper DE TOURNEFORT, par M. l'abbé Dissandes de Bosgenet, vicaire-général capitulaire.

Il va paraître incessamment le Manuel des Confréries, ouvrage in-12, de plus de 600 p., par Mgr De Tournefort.

On trouve à la même Librairie,

Différents PORTRAITS Lithographiés, de Mgr De Tournefort.